SE REFAIRE LA CERISE

Florilège de 400 expressions familières mises en prose

Evelyne Aguilera

© Evelyne Aguilera

Editions BoD – Books on Demand
12/14 rond-point des Champs Élysées, 75008 Paris, France

Impression BoD – Books on Demand
BoD-Books on Demand, Norderstedt, Allemagne
ISBN : 9782322096305

Dépôt légal : Aout 2016

Dédicace

Aux lecteurs de mes deux premiers livres
Merci pour votre confiance.

A vous qui me découvrez

A
Mes fidèles lectrices et lecteurs de ma page Facebook
www.facebook.com/desmotsaudeladesmaux

Merci pour votre fidélité, vos encouragements,
vos remerciements.

Introduction

Au fil du temps et de l'évolution de notre langue, le Français s'est enrichi de superbes expressions que vous connaissez, sans nul doute, pour la plupart.

Ces expressions familières sont aussi appelées

« Idiotisme » *

Passionnée par les mots, je vous en propose un florilège mis en prose au travers d'histoires courtes de notre Vie, exclusivement composées de ces expressions familières.

Le champ des possibles étant vaste, j'ai donc choisi huit thématiques.

Ma seule ambition en écrivant ce livre, est avant tout de vous découvrir ou redécouvrir plus de 400 de ces expressions et surtout de vous faire sourire pendant votre lecture.

Ce n'est donc pas un dictionnaire car il en existe déjà.

Pourtant, vous trouverez à la fin de ce recueil un glossaire** de ces idiotismes, classés par thématique et par ordre alphabétique au sein de chacune d'entre elles.

Bon voyage au cœur de ces expressions.

*L'idiotisme ou expression idiomatique est locution particulière à une langue, impossible à traduire dans une autre langue. (Wikipédia).
** Source Wikipédia

Sommaire

I : Idiotismes « Vestimentaires »

1.	Sors de tes petits souliers	P 15
2.	Il te va comme un gant	P 17
3.	Sois bien dans tes baskets	P 19
4.	Ne rends pas ton tablier	P 20

***

II : Idiotismes « Animaliers »

5.	Reprends du poil de la bête	P 25
6.	Ni queue, ni tête	P 27
7.	L'effet papillon	P 28
8.	Comme un poisson dans l'eau	P 29

Sommaire

III : Idiotismes « Gastronomiques »

9.	Se refaire la cerise	P 33
10.	Les carottes sont cuites	P 34
11.	Né comme un champignon	P 35
12.	Sois chou	P 36

***

IV : Idiotismes « Botaniques »

13.	Coup de bambou	P 40
14.	Cœur d'artichaut	P 41
15.	Décroche le cocotier	P 42

Sommaire

V : Idiotismes « Chromatiques »

16.	Carte blanche	P 47
17.	Bleu à l'Ame	P 48
18.	La Vie en rose	P 49
19.	Se mettre au vert	P 50

***

VI : Idiotismes « Numériques »

20.	Repartir à zéro	P 55
21.	Un de ces quatre matins	P 56
22.	Les deux font la paire	P 57
23.	Un mouton à cinq pattes	P 58

Sommaire

VII : Idiotismes « Toponymiques »

24.	Voir Naples et mourir	P 63
25.	Paris ne s'est pas fait en un jour	P 64
26.	Aller à Canossa	P 65

***

VIII : Idiotismes « Corporels »

27.	Ne baissez pas les bras	P 69
28.	Une main de fer dans un gant de velours	P 71
29.	Corps et Ame	P 72
30.	En un clin d'œil	P 73

Glossaire des idiotismes

1. Vestimentaires   P 75
2. Animaliers   P 79
3. Gastronomiques   P 83
4. Botaniques   P 87
5. Chromatiques   P 91
6. Numériques   P 95
7. Toponymiques   P 99
8. Corporels   P 103

I

Idiotismes « Vestimentaires »

« Prendre des gants »

Ne sois pas dans tes petits souliers

Arrête de manger ton chapeau,
Tu es en train de filer du mauvais coton.
Ce n'est pas parce que tu te prends des vestes,
Que tu ne trouveras jamais chaussure à ton pied.

Tu traînes tes guêtres ici et là,
Tout en battant la semelle
Et de fil en aiguille,
Tu en as plein les bottes.

Non, on ne t'a pas laissé tomber comme une vieille chaussette,
Même si tu n'opines pas du bonnet.
Je sais que tu ne travailles pas du chapeau
Et que tu es prête à retrousser tes manches.

Aussi, arrête de penser que tu dois porter le chapeau
Car tu es à côté de tes pompes.
Non, je ne te lâcherai pas les baskets
Et ne te lècherai pas les bottes non plus.

Même, si tu me donnes du fil à retordre
Et que je dois en découdre avec toi,
Je ne prendrai pas de gants pour autant
Et resterai droite dans mes bottes.

Tu me dis que tu es dans de beaux draps
Et que toute histoire est cousue de fil blanc.
Mais tu es loin d'être battu à plat de couture,
Bien sûr, il ne s'agit pas de filer doux pour autant.

Alors, jette ton bonnet par-dessus les moulins,
Ne sois plus dans tes petits souliers
Et trouve chaussure à ton pied,
Une personne qui te va comme un gant.

Il te va comme un gant

Pourquoi es-tu tendue comme un string ?
Tu sais bien que l'habit ne fait pas le moine.
Je suis sûre qu'il mouille facilement sa chemise
Sans pour autant y aller en chaussette.

Je sais que tu as, bien des fois, mangé ton chapeau,
Mais, sans jamais avoir été au ras de la casquette.
Non, je n'ai, à aucun moment, ri sous cape
Parce que je suis comme cul et chemise avec Toi.

Il est vrai que, parfois, j'ai dû prendre des gants.
Je me disais que le linge sale se lave en famille.
Pour autant, je ne t'ai jamais ciré les pompes
Même si, parfois, j'ai failli y laisser ma chemise.

En tant qu'amie, je n'ai jamais rendu mon tablier
Bien que, quelquefois, tu m'aies tiré les bretelles,
Ni même jeté les gants, d'ailleurs.
Et jamais, je ne t'ai collé aux basques.

Mais, dis-moi, plutôt que de parler à ton bonnet
Et de t'envelopper de ton manteau,
Lâche lui, juste, les baskets, de temps à autre.
Et surtout, ne botte pas en touche.

Prends juste des gants !
Je vois que tu opines du bonnet.
Prends conscience qu'il n'est pas un coureur de jupons
Alors, ne le laisse pas tomber comme une vieille chaussette.

Car il te va comme un gant.

Sois bien dans tes baskets

Ou tu as la tête près du bonnet
Ou tu lèches les bottes des autres ?

Pourtant, tu en as sous la casquette
Et tu ne travailles absolument pas du chapeau.

Si tu arrêtais de changer de filles comme de chemise,
Tu sais bien que l'habit ne fait pas le moine.

Trouver réellement celle qui te va comme un gant,
Est une autre paire de manches, je te l'accorde.

Le plus important est de trouver chaussure à ton pied.
Chapeau, tu as compris !

Tu es souple comme un gant
Et tu n'as pas peur de prendre une veste.

Alors, ne botte plus en touche
Et sois bien dans tes baskets.

Ne rends pas ton tablier

Pourquoi lui casses tu toujours le bonnet,
Tu sais bien que c'est un col blanc.

Je sais qu'il te marque depuis quelques jours
à la culotte
Et qu'il fait souvent des effets de manche.

Mais, crois-moi, tout le monde doit rire sous cape.
Tu ne risques absolument pas d'y laisser ta chemise.

Un jour ou l'autre, il mangera son chapeau
Et retournera sa veste.

Aussi, résiste à l'envie de rendre ton tablier
Et enveloppe-toi de ton manteau.

Moque t'en comme de ta première chemise
Et reste droit dans tes bottes.

Un jour ou l'autre, il te lâchera les basques
Car quelqu'un lui aura botté les fesses.

II

Idiotismes « Animaliers »

« Fin comme un chacal »

Reprends du poil de la bête

Je sais que, souvent, tu as le cafard,
Que tu t'ennuies comme un rat mort
Et que tu as du mal à dormir comme un loir.

Bien souvent, on t'a posé des lapins,
La plupart du temps, entre chien et loup,
Même par temps de chien.

Tu pensais avoir trouver l'oiseau rare
Alors que cette personne avait d'autres chats à fouetter
Ou courrait deux lièvres à la fois.

Tu as, bien des fois, versé des larmes, voire de crocodile,
Passant du coq à l'âne,
Tout en menant une vie de chien.

Pourtant, tu es doux comme un agneau,
Une vraie petite abeille,
Mais myope comme une taupe.

Tu te rappelles ces moments où tu étais comme un poisson
dans l'eau,
Heureux comme un coq en pâte.
C'était chouette.

Rappelle-toi, tu as souvent mis la charrue avant les bœufs.
Bien que tes amis te l'aient dit, qu'est-ce que tu as pu être
têtu comme une mule,
Jusqu'à être muet comme une carpe !

Stop, reprends du poil de la bête
Et prend le taureau par les cornes.
Avance même si c'est comme un escargot.

Peu importe que tu sois à cheval sur tes principes,
Que tu aies la chair de poule,
Ne sois pas une poule mouillée !

Sois fin comme un chacal,
Fier comme un gardon
Et gai comme un pinson.

Ni queue, ni tête

Est-il possible d'avoir des ailes
Tout en battant de l'aile ?
Pour cela, hors de question d'avoir un coup dans l'aile
Même si cela aide à se sentir pousser des ailes.

Je ne vais quand même pas claquer du bec
Pour ne pas puer du bec ?
Même si j'ai un bec de lièvre,
Tout blanc-bec que je suis.

Je suis de mauvais poil aujourd'hui.
Voilà que je suis à poil
Après mettre mis à poil
Tout simplement parce que j'ai un poil dans la main.

Après avoir fait une queue de poisson,
Je me retrouve à la queue leu leu
Sans pouvoir me mordre la queue.
Ce « ni queue ni tête » finit en queue de poisson.

L'effet papillon

J'ai toujours été voleur comme une pie
C'est pour cela, que l'on m'a souvent cherché des poux dans la tête.
Tant et si bien que, parfois, j'en avais la chair de poule.

Pourtant, je suis loin d'être un rapace.
Je dirais même que je suis malin comme un singe.
Certes, parfois, il m'est arrivé de vouloir me cacher dans un trou de souris.

Il faut avouer que certaines personnes étaient mauvaises comme des teignes.
Et comme elles s'ennuyaient comme des rats morts,
Elles s'excitaient comme des puces
Et me cherchaient des poux dans la tête.

Je n'allais quand même pas gober les mouches.
N'étant pas manchot,
Je criais au loup
Ou me défendais comme un lion.

Comme un poisson dans l'eau

Je suis peut-être fine comme une ablette,
Pourtant, je suis une vraie petite abeille,
De surcroît, douce comme un agneau.

Je vous rassure, je n'ai pas une araignée au plafond.
Bien au contraire, j'ai une mémoire d'éléphant
Et puis, entre nous, « pas folle la guêpe ».

Souvent, je donne l'impression d'avoir mangé du lion.
Ajoutez à cela que je suis bavarde comme une pie.
D'ailleurs, mes amis me le reprochent parfois.

Avec eux, je ne m'embête jamais comme un rat mort
Et croyez-moi, je suis loin d'être une sangsue.
Il m'arrive même de faire le singe avec eux.

Une confidence
Je suis heureuse comme un poisson dans l'eau.

III

Idiotismes « Gastronomiques »

« Ça ne mange pas de pain »

Avoir la banane

Il ne suffit pas de mettre du beurre dans les épinards
Ou d'avoir suffisamment de blé
Pour avoir la banane.

Certes, avoir la patate
Ou vivre comme un coq en pâte
Peut aider à avoir la pêche.

Pour autant, s'occuper de ses oignons,
Tout faire pour se sortir du pétrin,
Aident à ne pas patauger dans le yaourt.

Ajoutés à cela, un zest de chance
Et ne plus traîner de casseroles,
Contribueront à se refaire la cerise.

Les carottes sont cuites

Ce jeudi-là, tu as voulu faire ton cake
En appuyant sur le champignon
Alors que tu avais un verre dans le nez.

Franchement, ça ne pouvait que tourner au vinaigre.
Tu t'es alors fait arrêter par les bœuf-carottes
Qui t'ont secoué comme un prunier.

Oh, tu as eu à ce moment-là la patate qui battait
A un point tel, que tu voulais leur rentrer dans le lard.
Mais finalement, tu as mangé ton chapeau.

Entre nous, ce jour-là, tu as eu le cul bordé de nouilles.
Ils ont été de bonne pâte
Car ils ne t'ont mis qu'une prune.

Né comme un champignon

C'est au temps des cerises que tu es né comme
un champignon.
Lorsque tu nous as rejoint, tu étais un bout de chou
Haut comme trois pommes.

Lorsque nous t'avons adopté, nous avons levé
notre verre.
Avant cela, nous avons dû mettre la main à la pâte
Pour autant, on n'en a pas fait tout un plat.

Au contraire, nous avons mis les petits plats
dans les grands
Pour que tu sois comme un poisson dans l'eau
Et nous t'avons élevé aux petits oignons.

Au fil du temps, tu nous as aidé en mettant la main
à la pâte,
Tout en ayant toujours la pêche.
Au fond, tu es bon comme le pain blanc.

Aujourd'hui, tu es comme pain et beurre avec ton frère.
Jamais, vous n'avez été à couteaux tirés.
C'est clair comme de l'eau de roche,
tu es tout pour nous.

Sois chou

Crâne d'œuf ou planche à pain, peu importe.
Pourvu que cette personne n'ait pas un petit pois
dans la cervelle,
Quand bien même, elle n'ait pas inventé
le fil à couper le beurre.

Le plus important est que tu ne restes pas en carafe.
Rassure-toi, l'essentiel n'est pas d'être la crème
de la crème
Mais plutôt d'être bon comme le pain blanc.

Ecoute moi, tu es une bonne pomme
Et tu n'as jamais tiré au flanc.
Au contraire, tu as toujours la patate.

Alors, aie la banane,
Mets les bouchées doubles
Et cerise sur le gâteau, sois chou.

IV

Idiotismes « Botaniques »

« Coup de bambou »

Coup de bambou

Je ne sais pas ce qui m'arrive pour être blanche comme une endive.
Quand je me regarde, c'est la fin des haricots.
Pourtant, je ne suis pas encore un légume.

J'aimerais tellement avoir la patate.
Certes, je suis loin de manger les pissenlits par la racine
Et ça ne sent pas encore le sapin.

Alors, cela ne sert à rien que je fasse le poireau devant ma glace,
Ce serait pour des prunes de toute façon.
Ça suffit de filer un mauvais coton !

Je vais déjà me remettre à casser la graine
Sans chercher à avoir la ligne haricot vert.
Puis, je me soignerai aux petits oignons.

Cœur d'artichaut

Qu'elle soit asperge ou aubergine,
La coiffure en banane
Ou les oreilles en chou-fleur,

Devant elles, je tombais dans les pommes, la plupart du temps.
Je dois avouer que je suis fleur bleue
Tout en étant un cœur d'artichaut.

Je leur contais fleurette
Ou leur racontais des salades.
Il m'est même arrivé de leur courir sur le haricot.

Parfois, je me montais le chou.
D'autres fois, je faisais chou blanc.
Je me suis aussi fait bananer.

Je me suis retrouvé fauché comme les blés,
Pressé comme un citron,
J'ai même cru que c'était la fin des haricots.

Mais, aujourd'hui, je ne suis plus une pomme.
Certes, je n'ai plus un radis
Mais, j'ai mis du beurre dans les épinards.

Décroche le cocotier

Tu penses que les carottes sont cuites
Parce que tu ne vaux pas une cacahuète.
Crois-moi, l'herbe n'est pas forcément plus verte ailleurs.
Arrête de te faire du mouron.

Tu es loin d'avoir travaillé pour des nèfles
Et tu as su garder une poire pour la soif.
Tu sais bien qu'il n'est pas de roses sans épines,
Tu n'as aucune raison d'en avoir gros sur la patate.

Pour autant, je ne vais pas te raconter des salades.
Rassure-toi, on ne va pas se prendre le chou.
Saches que tu peux encore mettre du beurre
dans les épinards
Tout en mettant du piment dans ta vie.

Allez, viens, on va siroter une tomate
Dans un café comme arbre à palabre.
Touche du bois !
Tu verras, tu décrocheras le cocotier un jour.

V

Idiotismes « Chromatiques »

« Avoir des idées noires »

Carte blanche

Tu es blanc comme un linge
Car tu te saignes à blanc.
Saches que je me fais des cheveux blancs pour Toi.

Ta dernière histoire est cousue de fil blanc
Et c'est loin d'être bonnet blanc ou blanc bonnet.
Cela explique que tu aies fait chou blanc.

Mais comme tu es blanc comme neige
Et que tu m'as montré patte blanche,
Je te donne carte blanche.

Tu n'es plus un bleu, je le sais
Et tu as été suffisament vert dans le passé.
Annonce moi juste la couleur.

Du bleu à l'Ame

Lorsque qu'il m'arrive de broyer du noir,
Mes idées, souvent, sont noires.
Aussi, j'évite les endroits noirs de monde.

Dans ces moments-là, je deviens alors le mouton noir
Qui apparaît en liste noire pour mes amis.
Pourtant, je ne travaille pas au noir.

Il est vrai que je cumule une série noire depuis peu,
Que je devrais, d'ailleurs, mettre noir sur blanc.
J'en suis verte de rage en y pensant.

Je sais, je ne suis pas la seule à en voir de toutes les couleurs.
Je vois rarement rouge dans ces périodes.
Non, le plus souvent, j'ai du bleu à l'Ame.

La Vie en rose

Plus jeune, j'étais fleur bleue.
Parfois, d'ailleurs, j'en ai ri jaune
Car souvent, j'ai été marron.

J'en ai vu de toutes les couleurs.
Pour cela, j'ai dû me mettre au vert.
J'en ai tellement vu des vertes et des pas mûres.

Il m'arrivait de voir rouge à certains moments
Et de tirer à boulets rouges.
A mes proches, je faisais même grise mine.

Mais, j'ai toujours annoncé la couleur
Sans jamais recevoir une volée de bois vert.
Et je n'ai jamais été verte de jalousie non plus.

Aujourd'hui, je vois la Vie en rose
Car j'ai encore de vertes années devant moi
Et surtout, depuis peu, je pense vert.

Se mettre au vert

Pour enlever ce bleu à l'Ame,
Nul besoin de magie noire
Nous savons bien que tout n'est pas rose.

Sans noircir le tableau,
Sortir, pour un temps, d'une vie grise.
Pour cela, nul besoin de blanc-seing.

Juste se dorer au soleil,
Au bord du grand Bleu
Tout en buvant un petit noir.

VI

Idiotismes « Numériques »

« Ça vaut dix »

Repartir à zéro

C'est repartir comme en quarante.
Il ne s'agit pas d'en vouloir des mille et des cents,
Ni de partager la poire en deux.

Certes, on n'a plus vingt ans.
Pour autant, il ne faut pas y aller par quatre chemins
Et il n'y a pas trente-six façons de le faire.

Ne me dites pas que vous êtes la cinquième roue du carrosse
Ou le mouton à cinq pattes.
Et arrêtez de chercher midi à quatorze heures !

Dites-vous qu'un tiens vaut mieux que deux tu l'auras.
Cela vous évitera de vous saigner aux quatre veines
Et de faire les cents pas.

En un mot comme en cent,
Ne faites ni une ni deux,
Prenez votre courage à deux mains.

Même si vous avez le trouillomètre à zéro,
N'y allez pas par quatre chemins.
Repartez à zéro

Un de ces quatre matins

Ce n'est pas lorsque vous serez six pieds sous terre
Ou que vous serez au septième ciel
Que vous pourrez faire les quatre cents coups.

Même si vous n'avez que trois francs six sous,
Mettez-vous mettre sur votre trente-et-un
Et soyez tiré à quatre épingles.

Ne faites surtout pas une tête de six pieds de long
Lorsque vous discuterez avec votre ami entre quatre-z-yeux,
A l'occasion d'un repas où vous mangerez comme quatre.

Dites-vous vos quatre vérités,
Surtout pas la semaine des quatre jeudis
Et redevenez comme les cinq doigts de la main.

Les deux font la paire

Même s'il faut parfois couper la poire en deux,
Ni une, ni deux,
Notre amitié, envers et contre tout, fait toujours les trois huit.

Certes, on n'y pas va par quatre chemins
Lorsqu'il faut discuter en tête à tête
Et se dire nos quatre vérités.

Sachez que nous sommes toujours prêts à nous saigner aux quatre veines
Et à en faire des mille et des cents pour l'autre,
Sans jamais chercher midi à quatorze heures.

En un mot comme en cent,
Je vous le donne en mille,
Nous sommes comme les cinq doigts de la main.

Un mouton à cinq pattes

Pourquoi chercher midi à quatorze heures
Lorsque ça vaut dix.

Je ne dis pas qu'il faut s'en foutre comme de l'an quarante
Ou de faire d'une pierre deux coups.

Mais ni une, ni deux,
En deux temps, trois mouvements,

Même si cela ne casse pas trois pattes à un canard,
Dites le si c'est un mouton à cinq pattes.

VII

Idiotismes « Toponymiques »

« Un travail de Romain »

Voir Naples et mourir

Ces derniers temps, je perds souvent le Nord
Et lorsqu'on me pose des questions, je fais, la plupart du temps, des réponses de Normand.

Il faut avouer que ce n'est pas le Pérou en ce moment
Et de ce fait, je suis constamment à l'Ouest.

J'aimerais tellement aller à Pétaouchnock
Ou bien à Tataouine-les-Bains parfois.

Heureusement, j'arrive à garder les pieds sur Terre,
Malgré le coup de Trafalgar qui m'est arrivé l'année dernière.

Je suis loin d'être fort comme un Turc
Et je n'ai pas non plus, un oncle d'Amérique.

Aussi, je dois absolument éviter la Bérézina
Bien que ce ne soit pas Byzance.

Je vais donc filer à l'anglaise
Pour Voir Naples et mourir.

Paris ne s'est pas fait en un jour

Souvent, c'est vrai, il m'arrive d'avoir
les portugaises ensablées.
Malgré cela, je n'ai jamais été une tête de Turc, enfant.

Certes, en ce moment, tu as l'impression que ma vie,
c'est Waterloo
Et qu'on n'est pas encore rendu à Loches.

Mais, dis-moi, le téléphone arabe a bien marché
Car ce que tu me racontes, c'est la sardine qui a bouché
le port de Marseille.

Ce n'est pas la mer à boire pourtant,
Pourquoi en faire battre des montagnes ?

Je veux juste franchir le Rubicon
Sans pour autant jouer à la roulette russe ;

A savoir, réaliser mon projet à la Suisse,
Sans jamais, à aucun moment, céder
aux délices de Capoue.

Aller à Canossa

Depuis plusieurs semaines, ça tombe
comme à Gravelotte.
J'ai l'impression que le soleil ne reviendra qu'aux
calendes grecques !

Arrête, tu parles comme un Italien,
C'est de l'hébreu pour moi.

Je te l'accorde, je suis peut-être un peu dans la lune.
Pour autant, je n'ai pas bu comme un Suisse.

Alors, si j'ai bien compris, tu me dis vouloir aller à
Canossa
Et trouver le chemin de Damas.

Eh bien toi, alors, je suis en train de prendre une
douche écossaise
Tout en revenant de Pontoise.

Mais bon, Paris ne s'est pas fait en un jour.
Si c'est ton choix, vas-y, franchis le Rubicon.

VIII

Idiotismes « Corporels »

« Se serrer les coudes »

Ne baissez pas les bras

Vous en avez plein le dos
De faire bonne figure,
D'être à genoux devant les autres.

Marre de vous faire taper sur les doigts
Au point que cela vous reste sur l'estomac
Et que vous vous en tirez les cheveux.

Vous serrez les dents si fort parfois
Que vous vous en mordez les lèvres
Et que vous en avez le cœur qui se soulève.

La gorge nouée,
Les jambes en coton,
Prêt à fondre en larmes,

Ne baissez pas les bras,
Ne restez pas les bras croisés non plus,
A vous faire des cheveux blancs.

Ayez du cœur au ventre
Même si vous en avez jusqu'au cou.
Faites front.

Même si vous vous cassez les dents,
Ne tournez pas le dos au présent,
Accueillez-le à bras ouvert.

Donnez-vous corps et âme
Car vous avez cette grandeur d'Ame
Pour prendre votre Avenir en main.

Une main de fer
dans un gant de velours

Pourquoi courber l'échine
Comme si tu avais le monde sur tes épaules ?
Ne vaut-il pas mieux desserrer les lèvres ?

Je me doute que, depuis quelques temps, tu t'en mords les lèvres,
D'avoir eu le cœur sur la main avec elle.
Pourtant, je t'avais mis la puce à l'oreille.

Tu vois bien que c'est ton talon d'Achille.
Aujourd'hui, tu te cognes la tête contre les murs
Et les bras t'en tombent.

Sache que je me fais des cheveux blancs pour toi.
Bien sûr que je vais te prêter main-forte,
Je ne suis pas venu pour te tirer les oreilles.

Pour autant, cela ne sert à rien d'être motus et bouche cousue
Ou de rester les bras croisés.
Aie une main de fer dans un gant de velours et parle lui.

Corps et Ame

Se serrer les coudes a toujours été ta devise.
D'ailleurs, pour Toi « œil pour œil, dent pour dent »
C'est quand les poules auront des dents.

Tu ne t'en es jamais mordu les doigts,
D'avoir bon cœur,
Sans pour autant, avoir un cœur d'artichaut.

A aucun moment, tu n'as cassé du sucre sur le dos de quelqu'un
Ou tu n'as pris tes jambes à ton cou
Lorsqu'il fallait donner un coup de main.

Depuis tout petit, tu t'en es sorti à la force du poignet,
Ta force étant d'avoir la tête près du bonnet.
Quel que soit l'heure ou le jour, tu reçois toujours tes amis
à bras ouverts.

Lorsque nous en avions besoin, tu nous as tendu les bras
Sans pour autant, en avoir les chevilles qui enflent.
Aussi, du fond du cœur, nous te remercions pour tout cela.

En un clin d'œil

A l'œil nu,
Même si cela ne crève pas les yeux,
En évitant de te rincer l'œil,
Tu peux voir qu'elle a les yeux de Chimène.

Maintenant, impossible de lui faire les yeux doux
Car, désormais, elle s'en bat l'œil.
Tu ne peux plus lui taper dans l'œil
Même si tu n'as pas froid aux yeux.

Inutile de lui faire tes yeux de merlan frit
Ou de lui jeter de la poudre aux yeux,
Elle n'a d'yeux que pour lui.
Ça ne sert à rien de lever les yeux en l'air.

Ni, d'avoir la larme à l'œil.
Regarde plutôt la situation sous un œil neuf.
Il a réussi à lui faire les yeux doux.
Aussi, arrête, car tu te mets le doigt dans l'œil.

Glossaire des idiotismes

« Vestimentaires »

1. **A brûle-pourpoint** : par surprise
2. **Aller comme un gant** : correspondre parfaitement
3. **Avoir la tête près du bonnet** : se fâcher facilement
4. **Battre à plat de couture** : être largement battu
5. **Battre la semelle** : Attendre, patienter en marchant.
6. **Botter en touche** : éviter une situation ou une discussion
7. **Botter les fesses** : secouer, remuer,
8. **Casser le bonnet à quelqu'un :** ennuyer, gêner, importuner
9. **Changer comme de chemise** : changer souvent et facilement
10. **Chapeau !** : félicitations
11. **Cirer les pompes de quelqu'un** : flatter quelqu'un
12. **Col blanc** : cadres d'entreprise, élites du monde des affaires
13. **Coller aux basques** : suivre de très près
14. **Etre cousue de fil blanc** : Dont on peut prévoir la fin facilement
15. **De fil en aiguille :** enchaînement de propos
16. **Donner du fil à retordre** : proposer un travail difficile à quelqu'un ou lui causer bien des soucis
17. **En avoir plein les bottes :** être très fatigué (voire énervé)

18. **En avoir sous la casquette** : être capable de réfléchir, plus qu'il n'y paraît
19. **En découdre** : se battre, en venir aux mains
20. **Etre à coté de ses pompes** : être mal à l'aise, pas concentré
21. **Etre à ras de la casquette** : être obtus, stupide
22. **Etre bien dans ses baskets** : être à l'aise, bien dans sa peau
23. **Etre blanc comme un linge** : être livide
24. **Etre comme cul et chemise** : bien s'entendre, se fréquenter souvent
25. **Etre dans de beaux draps** : Etre dans une situation compliquée
26. **Etre dans ses petits souliers** : être penaud
27. **Etre tendu comme un string** : être stressé, angoissé
28. **Etre un coureur de jupons** : homme multipliant les conquêtes féminines
29. **Faire des effets de manche** : faire des gestes exagérés, voir grandiloquents pour illustrer un propos
30. **Filer doux** : ne pas faire de vague, obéir
31. **Filer un mauvais coton** : Avoir des ennuis qui s'aggravent ; avoir la santé qui se dégrade
32. **Jeter les gants** : abandonner le combat, accepter la défaite
33. **Jeter son bonnet par-dessus les moulins** : braver les bienséances, l'opinion publique
34. **L'habit ne fait pas le moine** : il ne faut pas juger les personnes d'après les apparences
35. **Lâcher les baskets** : laisser tranquille

36. **Laisser tomber quelqu'un comme une vieille chaussette :** L'abandonner comme quelque chose qui n'a plus aucun intérêt
37. **Laver son linge sale en famille :** régler ses différends dans le cercle fermé de la famille
38. **Lécher les bottes :** le flatter bassement
39. **Manger son chapeau :** regretter amèrement une action ou une promesse
40. **Marquer à la culotte :** surveiller de près quelqu'un, ne pas le lâcher
41. **Mouiller ma chemise :** participer activement, travailler à quelque chose, s'impliquer
42. **Opiner du bonnet :** approuver sans dire mot, par un simple signe
43. **Parler à son bonnet :** se parler à soi-même
44. **Porter le chapeau :** endosser la culpabilité
45. **Prendre des gants :** prendre beaucoup de précautions pour faire ou dire une chose sans blesser celui à qui on a affaire
46. **Rendre son tablier :** démissionner
47. **Rester droit dans ses bottes :** garder une attitude ferme et déterminée, sans plier
48. **Retourner sa veste :** changer d'opinion, du tout au tout.
49. **Rire sous cape :** rire intérieurement
50. **S'en jeter un derrière la cravate :** boire un verre
51. **S'en moquer comme de sa première chemise :** être totalement indifférent à quelque chose

52. **S'envelopper de son manteau :** se résigner, attendre son sort avec calme au milieu des dangers
53. **Se faire remonter les bretelles :** se faire réprimander
54. **Se prendre une veste :** subir un échec, notamment lors d'une élection ou d'une conquête amoureuse...
55. **Se retrousser les manches :** se mettre au travail
56. **Souple comme un gant :** d'une humeur facile et accommodante
57. **Trainer ses guêtres :** se promener sans but précis
58. **Travailler du chapeau :** délirer, être fou
59. **Trouver chaussure à son pied :** trouver justement ce qu'il faut, ce qui convient
60. **Une autre paire de manches :** quelque chose de radicalement différent
61. **Y aller en chaussette :** accomplir une action à risque sans prendre les précautions nécessaires
62. **Y laisser sa chemise :** tout perdre

Glossaire des idiotismes

« Animaliers »

1. **... Comme un rat mort :** ... très profondément
2. **A la queue leu leu :** en file indienne
3. **Avancer comme un escargot :** avancer très lentement
4. **Avoir d'autres chats à fouetter :** Avoir des choses plus importantes à faire que celles qui nous sont proposées
5. **Avoir des ailes :** se sentir léger
6. **Avoir du chien :** avoir une élégance naturelle
7. **Avoir la chair de poule :** avoir peur
8. **Avoir le cafard :** ne pas avoir le moral, déprimer
9. **Avoir mangé du lion :** faire preuve d'énergie
10. **Avoir un coup dans l'aile :** être ivre
11. **Avoir une araignée au plafond :** avoir l'esprit dérangé
12. **Avoir une mémoire d'éléphant :** avoir une très bonne mémoire
13. **Battre de l'aile :** être en difficulté
14. **Bavard comme une pie :** très bavard
15. **Bec de lièvre :** malformation des lèvres et du palais
16. **Blanc-bec :** homme jeune et trop sûr de lui
17. **C'est chouette :** c'est beau
18. **Chercher des poux dans la tête de quelqu'un :** lui chercher querelle
19. **Claquer du bec :** mourir de faim

20. **Courir deux lièvres à la fois :** poursuivre plusieurs objectifs différents
21. **Crier au loup :** alerter pour rien
22. **Dormir comme un loir** : dormir profondément
23. **Doux comme un agneau :** sans aucune méchanceté, docile
24. **Effet papillon :** stipule que chaque action, même la plus anodine, peut avoir à long terme des conséquences colossales
25. **Entre chien et loup :** à la tombée de la nuit
26. **Etre à cheval sur quelque chose :** être strict au sujet de quelque chose
27. **Etre à poil :** être tout nu
28. **Etre comme un coq en pâte :** bénéficier de tout le confort possible
29. **Etre de mauvais poil :** être de mauvaise humeur
30. **Etre frais comme un gardon :** être très en forme
31. **Etre gai comme un pinson :** être très content
32. **Etre heureux comme un poisson dans l'eau** : être à l'aise dans une situation particulière
33. **Etre muet comme une carpe :** totalement muet
34. **Etre myope comme une taupe :** mal voir
35. **Être têtu comme une mule :** être obstiné
36. **Etre une poule mouillée :** être craintif
37. **Etre une sangsue :** être un pot de colle ; vivre aux dépens d'autrui
38. **Etre voleur comme une pie :** être très attiré par les objets brillants ; chapardeur

39. **Excité comme une puce :** très excité
40. **Faire le singe :** faire l'imbécile
41. **Faire une queue de poisson :** après un dépassement, se rabattre brusquement
42. **Fin comme un chacal :** rusé
43. **Fin comme une ablette :** très mince
44. **Finir en queue de poisson :** finir brutalement, de manière décevante
45. **Gober les mouches :** ne rien faire
46. **Malin comme un singe :** très malin
47. **Mauvais comme une teigne :** d'une grande méchanceté
48. **Mettre la charrue avant les bœufs :** faire les choses dans un mauvais sens
49. **Miroir aux alouettes :** piège ou leurre
50. **N'avoir ni queue, ni tête :** être désorganisé en parlant d'un récit
51. **Ne pas être manchot :** être habile
52. **Pas folle la guêpe :** se dit d'une personne rusée à qui « on ne la fait pas »
53. **Passer du coq à l'âne :** passer d'un sujet à un autre sans rapport aucun
54. **Poser un lapin :** ne pas venir à un rendez-vous
55. **Prendre le taureau par les cornes** : prendre une décision déterminée et courageuse
56. **Puer du bec :** avoir mauvaise haleine
57. **Reprendre du poil de la bête :** se rétablir, reprendre courage
58. **Se cacher dans un trou de souris :** avoir honte, se faire oublier
59. **Se défendre comme un lion :** très courageusement

60. **Se mettre à poil :** se déshabiller complètement
61. **Se mordre la queue :** tourner en rond
62. **Se sentir pousser des ailes :** prendre son autonomie / avoir l'impression que tout va nous réussir
63. **Trouver l'oiseau rare :** personne exceptionnelle
64. **Un poil dans la main :** être très paresseux
65. **Un rapace :** une personne avide de profit
66. **Un temps de chien :** mauvais temps
67. **Une vie de chien :** une vie triste
68. **Une vraie petite abeille :** se dit d'une personne travailleuse, infatigable
69. **Verser des larmes de crocodile :** pleurer sans être vraiment triste

Glossaire des idiotismes

« Gastronomiques »

1. **Appuyer sur le champignon** : accélérer pour un véhicule à moteur
2. **Au temps des cerises** : au printemps
3. **Aux petits oignons** : avec un soin particulier
4. **Avoir du blé** : avoir de l'argent
5. **Avoir la banane** : être souriant
6. **Avoir la patate qui bat** : avoir le cœur qui bat rapidement après un effort ou un stress.
7. **Avoir la patate** : en grande forme
8. **Avoir la pêche** : être en pleine forme
9. **Avoir le cul bordé de nouilles** : être très chanceux
10. **Avoir un petit pois dans la cervelle** : ne pas être futé
11. **Avoir un verre dans le nez** : être saoul, éméché.
12. **Bon comme le pain blanc** : être généreux, gentil, serviable.
13. **Bonne pomme** : Indulgent, trop bon voire naïf
14. **Bout de chou** : petit enfant
15. **Cerise sur le gâteau** : petit détail qui parfait une réalisation ou le contraire selon le contexte
16. **Clair comme de l'eau de roche** : évident ou bien expliqué
17. **Crâne d'œuf** : chauve
18. **En faire tout un plat** : donner une importance disproportionnée à une affaire
19. **Etre à couteaux tirés** : ambiance ou situation tendue entre plusieurs personnes

20. **Etre bon comme le pain blanc :** être généreux, gentil, serviable
21. **Etre bonne pâte :** avoir bon fond, un bon caractère
22. **Etre comme pain et beurre :** se dit de personnes ou de choses indissociables
23. **Etre comme un poisson dans l'eau** : être à l'aise
24. **Etre chou** : être mignon
25. **Etre dans le pétrin :** être dans une situation délicate, embarrassante, d'où il semble impossible de se sortir
26. **Faire son cake :** avoir un comportement physique prétentieux.
27. **Haut comme trois pommes :** de très petite taille
28. **Inventer le fil à couper le beurre :** Faire une proposition ridicule, à laquelle tout le monde avait déjà pensé, souvent employé à la forme négative
29. **La crème de la crème :** le meilleur
30. **Les bœuf-carottes :** la police des polices
31. **Les carottes sont cuites :** tout est perdu. Il n'y a plus aucun espoir
32. **Lever son verre :** porter un toast
33. **Mettre du beurre dans les épinards :** améliorer ses conditions de vie
34. **Mettre la main à la pâte :** collaborer, aider
35. **Mettre les bouchées doubles :** accélérer l'accomplissement de quelque chose
36. **Mettre les petits plats dans les grands :** faire des frais pour plaire
37. **Mettre une prune** : mettre une contravention

38. **Né comme un champignon :** de père inconnu
39. **Patauger dans le yaourt :** chercher vainement
40. **Planche à pain :** fille sans formes, plus particulièrement au niveau de la poitrine
41. **Rentrer dans le lard :** attaquer de front, violemment
42. **Rester en carafe :** rester tout seul, être oublié
43. **S'occuper de ses oignons :** se mêler de ses propres affaires
44. **Se refaire la cerise** : reprendre des forces, se refaire une santé
45. **Etre chou** : être mignon
46. **Secouer quelqu'un comme un prunier :** secouer vigoureusement, rabrouer
47. **Tirer au flanc :** éviter le travail, les corvées
48. **Tourner au vinaigre** : se dit d'une situation qui se détériore
49. **Traîner de casseroles :** avoir la réputation d'avoir trempé dans des affaires pas très nettes.
50. **Un zeste de :** une pointe, une touche, une petite quantité
51. **Vivre comme un coq en pâte :** se trouver dans une situation de confort douillet

Glossaire des idiotismes

« Botaniques »

1. **Aubergine :** personne préposée au contrôle du stationnement
2. **Avoir la ligne haricot vert :** être très mince
3. **Avoir la patate :** être en forme
4. **Avoir un cœur d'artichaut :** être inconstant en amour
5. **C'est la fin des haricots** : c'est la fin de tout
6. **C'est une asperge :** personne trop grande et trop mince
7. **Ça sent le sapin :** tout est perdu
8. **Casser la graine :** manger
9. **Coiffure en banane :** style de coiffure que portaient les premiers rockers
10. **Conter fleurette** : chercher à séduire quelqu'un
11. **Coup de bambou :** brusque fatigue
12. **Courir sur le haricot :** importuner
13. **Décrocher le cocotier :** arriver au but
14. **En avoir gros sur la patate :** être très triste
15. **Être blanc comme une endive :** extrêmement pâle
16. **Etre fauché comme les blés :** ne plus avoir un sou
17. **Etre fleur bleue :** être très romantique voire naïf
18. **Faire chou blanc :** échouer
19. **Faire le poireau :** attendre longtemps
20. **Filer un mauvais coton :** avoir la santé qui se dégrade, avoir sa réputation compromise

21. **Garder une poire pour la soif :** savoir être prévoyant
22. **Il n'est pas de rose sans épines :** tout plaisir comporte sa part de peine, rien n'est parfait
23. **L'herbe est toujours plus verte ailleurs :** on imagine toujours que la situation est meilleure ailleurs
24. **Les carottes sont cuites** : tout est perdu
25. **Les oreilles en chou-fleur :** oreilles déformées, décollées
26. **Manger les pissenlits par la racine** : être mort
27. **Mettre du beurre dans les épinards :** améliorer sa situation
28. **Mettre du piment** : rendre plus excitant
29. **Ne pas valoir une cacahuète :** ne pas valoir grand-chose
30. **Ne plus avoir un radis** : être sans ressources ; ne plus avoir un sou
31. **Pour des prunes :** pour rien
32. **Pressé comme un citron** : être surexploité
33. **Raconter des salades :** donner des explications fausses et confuses
34. **Se faire bananer :** se faire avoir
35. **Se faire du mouron :** se faire du souci
36. **Se monter le chou :** se faire des illusions
37. **Se prendre le chou :** se disputer
38. **Soigner quelqu'un aux petits oignons :** s'en occuper attentivement
39. **Tomber dans les pommes :** s'évanouir ; tomber en pamoison

40. **Travailler pour des nèfles :** travailler pour rien
41. **Un légume :** un malade à l'état végétatif
42. **Une pomme :** quelqu'un de crédule

Glossaire des idiotismes

« Chromatiques »

1. **Annoncer la couleur :** dire clairement ses intentions
2. **Avoir du bleu à l'Ame :** état émotif : tristesse ; nostalgie, mélancolie
3. **Avoir des idées noires :** être déprimé
4. **Blanc-seing :** Feuille blanche sur laquelle on appose sa signature et que l'on confie à quelqu'un pour qu'il la remplisse lui-même
5. **Bonnet blanc et blanc bonnet** : la même chose
6. **Broyer du noir :** être déprimé
7. **Cousue de fil blanc :** très grossier et visible pour un procédé ; extrêmement prévisible pour une histoire
8. **Donner carte blanche à :** laisser l'initiative à quelqu'un
9. **En voir de toutes les couleurs :** subir de dures épreuves
10. **En voir des vertes et des pas mûres :** subir des épreuves très difficiles
11. **Etre blanc comme neige :** être innocent
12. **Etre blanc comme un linge :** avoir le teint pâle
13. **Etre marron :** s'être fait avoir par quelqu'un
14. **Etre un bleu** : être un débutant
15. **Etre vert :** être dégouté
16. **Etre vert de jalousie ou de rage :** ressentir un sentiment violent de jalousie ou de rage envers quelqu'un
17. **Faire chou blanc** : échouer ou subir un échec

18. **Faire grise mine :** réserver un mauvais accueil à quelqu'un
19. **Fleur bleue :** sentimental et romantique
20. **Le grand Bleu :** l'océan
21. **Le mouton noir :** personne qui sort de la norme, avec une connotation péjorative
22. **Les vertes années :** être en pleine forme
23. **Liste noire :** ensemble de personnes qui sont exclues de l'accès à un emploi, une fonction, un lieu...
24. **Magie noire** : magie avec invocation des esprits et du diable
25. **Mettre noir sur blanc :** mettre par écrit
26. **Montrer patte blanche :** démontrer sa bonne foi ; prouver son identité
27. **Noir de monde :** se dit d'un lieu où la foule s'entasse
28. **Noircir le tableau :** Considérer une situation sous un jour plus négatif qu'il ne l'est en réalité.
29. **Penser vert :** penser à l'environnement
30. **Recevoir une volée de bois vert** : recevoir une volée de coups violents
31. **Rire jaune :** rire à contrecœur
32. **Saigner à blanc :** épuiser toutes les ressources vitales
33. **Se dorer au soleil :** bronzer
34. **Se faire des cheveux blancs :** s'inquiéter
35. **Se mettre au vert** : aller se reposer dans un endroit tranquille
36. **Série noire :** suite de catastrophes

37. **Tirer à boulets rouges :** s'en prendre verbalement à une personne, une situation, une idée avec une grande violence.
38. **Travail au noir :** en clandestin ou non déclaré
39. **Un petit noir :** un café
40. **Une Vie tout en couleurs :** une vie belle et douce
41. **Vie grise :** vie terne et sans éclats
42. **Voir la Vie en rose :** ne considérer que le bon côté des choses, être très optimiste
43. **Voir rouge :** se mettre très en colère

Glossaire des idiotismes

« Numériques »

1. **Avoir le trouillomètre à zéro** : avoir peur
2. **Ça ne casse trois pattes à un canard** : c'est ordinaire
3. **Ça vaut dix** : c'est très bien préparé
4. **Chercher midi à quatorze heures** : compliquer inutilement une chose très simple
5. **Comme les cinq doigts de la main** : être unis
6. **Couper la poire en deux** : faire un compromis
7. **Des mille et des cents** : beaucoup
8. **Dire ses quatre vérités à quelqu'un** : lui parler franchement
9. **Discuter entre quatre-z-yeux** : discuter en tête en tête
10. **Donner en mille** : mettre au défi de deviner
11. **En un mot comme en cent** : en résumé
12. **Etre au septième ciel** : éprouver un bonheur, un plaisir intense, être au paradis
13. **Faire d'une pierre deux coups** : tirer double parti d'une situation
14. **Faire les cents pas** : marcher de long en large ou tourner en rond, être impatient.
15. **Faire les quatre cents coups** : faire toutes les bêtises possibles
16. **Faire les trois huit :**
    : fonctionner 24 heures sur 24 avec roulement toutes les 8 heures

17. **Faire une tête de six pieds de long :** bouder, être fâché
18. **La cinquième roue du carrosse :** avoir un rôle secondaire
19. **La semaine des quatre jeudis :** qui n'arrivera jamais
20. **Le mouton à cinq pattes :** une rareté
21. **Les deux font la paire :** être en accord mutuel
22. **Manger comme quatre :** manger avec beaucoup d'appétit
23. **Ne pas y aller par quatre chemins :** sans hésitation
24. **Ne plus avoir vingt ans :** ressentir les effets de la vieillesse
25. **Ni une, ni deux :** sans hésitation
26. **Partager la poire en deux :** faire un compromis
27. **Prendre votre courage à deux mains. :** s'engager dans une tâche difficile
28. **Repartir à zéro** : faire table rase
29. **Repartir comme en quarante :** recommencer avec ardeur voire avec naïveté
30. **S'en foutre comme de l'An quarante :** s'en moquer, s'en désintéresser
31. **Se mettre sur son trente-et-un :** mettre ses plus beaux habits
32. **Se saigner aux quatre veines :** se priver, se donner beaucoup de mal pour quelqu'un
33. **Six pieds sous terre :** décédé, inhumé
34. **Tiré à quatre épingles** : d'une tenue vestimentaire soignée
35. **Trente-six façons :** de multiples façons

36. **Trois francs six sous :** une faible somme d'argent
37. **Un de ces quatre matins :** prochainement
38. **Un tiens vaut mieux que deux tu l'auras :** mieux vaut se contenter de ce que l'on possède déjà, plutôt que d'une promesse.

Glossaire des idiotismes

« Toponymiques »

1. **A la Suisse :** d'une manière qui évoque l'efficacité, le confort ou la solidité
2. **Aller à Canossa :** aller dans un lieu ou chercher une occasion pour faire pénitence
3. **Aller à Pétaouchnock :** aller dans un lieu paumé et lointain
4. **Aux calendes grecques :** dans un temps indéterminé voire jamais
5. **Avoir les pieds sur Terre :** garder le sens des réalités
6. **Avoir les portugaises ensablées** : être dur d'oreille
7. **Avoir un oncle d'Amérique :** bénéficier d'une aide financière de la famille éloignée
8. **Boire comme un Suisse :** boire beaucoup
9. **C'est de l'hébreu :** je n'y comprends rien
10. **C'est la Bérézina :** déroute
11. **C'est Waterloo :** se dit de quelque chose qui part en débandade
12. **Ça n'est pas Byzance :** la situation n'a rien d'enviable
13. **Ça tombe comme à Gravelotte :** une pluie battante
14. **Ce n'est pas la mer à boire :** ce n'est pas difficile
15. **Ce n'est pas le Pérou :** ce n'est pas très reluisant
16. **Céder aux délices de Capoue :** profiter d'une situation agréable en oubliant son but principal

17. **Etre à l'Ouest :** être désorienté
18. **Etre dans la lune :** rêver tout éveillé
19. **Etre fort comme un Turc :** être très fort
20. **Faire battre des montagnes :** déclencher des histoires à problèmes
21. **Faire une réponse de Normand :** ne dire ni oui, ni non ou ça dépend
22. **Filer à l'anglaise :** s'éclipser discrètement
23. **Franchir le Rubicon :** se lancer irrévocablement dans une entreprise aux conséquences risquées
24. **Jouer à la roulette russe :** prise de risque inconsidérée et inutile
25. **La sardine qui a bouché le port de Marseille :** une histoire à dormir debout
26. **Le téléphone arabe** : propagation rapide d'une nouvelle par le bouche à oreille
27. **On n'est pas rendu à Loches :** on n'est pas sorti de l'auberge
28. **Paris ne s'est pas fait en un jour :** une réalisation importante nécessite que l'on y passe du temps
29. **Parler comme un Italien :** parler vite en agitant ses mains dans tous les sens
30. **Perdre le Nord :** perdre le sens des réalités
31. **Prendre une douche écossaise :** se faire surprendre de façon désagréable
32. **Revenir de Pontoise :** être décontenancé, hébété
33. **Tataouine-les-Bains :** lieu isolé et lointain
34. **Tête de Turc :** souffre-douleur
35. **Trouver le chemin de Damas :** se convertir ou au sens figuré changer d'opinion
36. **Un travail de romain :** un travail colossal

37. **Voir Naples et mourir :** accomplir un désir dont la réalisation semble tellement nécessaire et suffisante, qu'au-delà, la vie perd tout son sens

Glossaire des idiotismes

« Corporels »

1. **A l'œil nu :** visible au premier abord
2. **A la force du poignet :** avec énergie
3. **Accueillir à bras ouvert :** faire un bon accueil à quelqu'un
4. **Avoir bon cœur :** être bon
5. **Avoir du cœur au ventre :** avoir du courage
6. **Avoir la gorge nouée :** être triste, être stressé
7. **Avoir la larme à l'œil :** être ému
8. **Avoir la tête près du bonnet :** avoir de la suite dans les idées
9. **Avoir le cœur qui se soulève :** être dégouté
10. **Avoir le cœur sur la main :** être généreux
11. **Avoir le monde sur ses épaules :** subir un lourd fardeau
12. **Avoir les chevilles qui enflent :** se vanter
13. **Avoir les jambes en coton :** être découragé, être sans force
14. **Avoir les yeux de Chimène :** tomber amoureux
15. **Avoir un cœur d'artichaut :** être sensible
16. **Baisser les bras :** abandonner
17. **Ça crève les yeux :** c'est une pure évidence
18. **Casser du sucre sur le dos de quelqu'un :** médire de quelqu'un
19. **Corps et âme :** de tout son être
20. **Courber l'échine :** se soumettre
21. **Des yeux de merlan frit :** des yeux hébétés, marqués par un trouble

22. **Donner un coup de main :** aider
23. **Du fond du cœur :** avec ses meilleures pensées
24. **En avoir plein le dos :** en avoir assez, être exaspéré
25. **En tête à tête :** seul à seul
26. **En un clin d'œil :** en une fraction de seconde
27. **Etre à genoux devant :** adorer
28. **Etre motus et bouche cousue :** garder le silence
29. **Faire bonne figure :** faire bonne impression
30. **Faire front :** assumer
31. **Faire les yeux doux :** séduire
32. **Fondre en larmes :** pleurer
33. **Grandeur d'Ame** : générosité, magnanimité
34. **Jeter de la poudre aux yeux** : tromper
35. **Jusqu'au cou :** complètement
36. **Les bras m'en tombent :** je suis abasourdi
37. **Lever les yeux en l'air :** être exaspéré
38. **Mettre la puce à l'oreille :** éveiller un soupçon
39. **N'avoir d'yeux que pour :** ne penser qu'à
40. **Ne pas avoir froid aux yeux :** être audacieux
41. **Ne pas desserrer les lèvres :** garder le silence
42. **Œil pour œil, dent pour dent** : se venger, infliger à quelqu'un les mêmes dommages qu'il vous a infligés
43. **Prendre ses jambes à son cou :** fuir
44. **Prendre son Avenir en main** : s'occuper de son futur
45. **Prêter main-forte** : prêter son concours à quelque chose ou à quelqu'un

46. **Quand les poules auront des dents :** jamais
47. **Recevoir à bras ouverts :** accueillir à bras ouverts
48. **Regarder d'un œil neuf :** regarder avec du recul, d'une manière différente
49. **Rester les bras croisés** : ne pas intervenir
50. **Rester sur l'estomac :** difficile à accepter
51. **S'en battre l'œil :** s'en désintéresser complètement
52. **S'en mordre les doigts :** regretter
53. **S'en mordre les lèvres :** regretter
54. **Se cassez les dents sur quelque chose :** subir un échec cuisant
55. **Se cogner la tête contre les murs :** être excédé
56. **Se faire des cheveux blancs :** se faire du souci
57. **Se faire taper sur les doigts :** se faire punir
58. **Se mettre le doigt dans l'œil :** se tromper
59. **Se rincer l'œil :** être voyeur
60. **Se serrer les coudes :** s'entraider
61. **Se tirer les cheveux :** être frustré, ne pas trouver de solution
62. **Serrez les dents :** supporter une souffrance sans mot dire
63. **Talon d'Achille :** point faible
64. **Taper dans l'œil :** séduire
65. **Tendre les bras à quelqu'un** : lui porter secours ou lui pardonner
66. **Tirer les oreilles à quelqu'un :** réprimander
67. **Tourner le dos :** se détourner
68. **Une main de fer dans un gant de velours :** avec douceur et fermeté

Du même auteur

Des mots par-delà nos maux

Avril 2016

Du noir et blanc aux couleurs de l'Ame

Juin 2016